NEO BOOKS

1000+ Must Know Words in Somali

Illustrated Somali-English Dictionary

by Sareedo Abdule

ALPHABET –
ALIFBEETADA

40

A Afártan
Forty

B Badad
Duck

C Cambe
Mango

DH Dhogor
Fur

D Dabo
Tail

O

E Eber
Zero

F Falaadh
Arrow

G Gaadhi
Car

H Haramcad
Cheetah

I Ido
Sheep

J Jeer
Hippopotamus

K Kabo
Shoe

L Libaax
Lion

M Muus/Moos
Banana

N Najaar
Carpenter

KH Kahmis
Thursday

O Orod
To run

S Saacad
Hour

T Taaj
Crown

Q Qaanso
Rainbow

R Rah
Frog

SH Sharabaad
Sock

U Ugax
Egg

W Wasaaqyo
Earring

X Xiddig
Star

Y Yar
Small

NUMBERS – TIROOYIN

0	eber Zero	23	sáddex iyo labataan Twenty Three	170	boqól iyo toddobaátan One Hundred Seventy
1	ków One	24	áfar iyo labataan Twenty Four	180	boqól iyo siddeétan One Hundred Eighty
2	lába Two	25	shán iyo labataan Twenty Five	190	boqól iyo sagaáshan One Hundred Ninety
3	sáddex Three	26	líx iyo labataan Twenty Six	200	labo-boqol Two Hundred
4	áfar Four	27	toddobá iyo labataan Twenty Seven	300	sáddex boqól Three Hundred
5	shán Five	28	siddéed iyo labataan Twenty Eight	400	áfar boqól Four Hundred
6	líx Six	29	sagáal iyo labataan Twenty Nine	500	shán boqól Five Hundred
7	toddobá Seven	30	sóddon Thirty	600	líx boqól Six Hundred
8	siddéed Eight	40	afártan Forty	700	toddobá boqól Seven Hundred
9	sagaal Nine	50	kónton Fifty	800	siddéed boqól Eight Hundred
10	toban Ten	60	líxdan Sixty	900	sagaál boqól Nine Hundred
11	koób iyo toban Eleven	70	toddobaátan Seventy	1,000	kún One Thousand
12	labá iyo toban Twelve	80	siddeétan Eighty	2,000	lába kún Two Thousand
13	sáddex iyo toban Thirteen	90	sagaáshan Ninety	3,000	sáddex kún Three Thousand
14	áfar iyo toban Fourteen	100	boqól One Hundred	9,000	sagialo-kun Nine Thousand
15	shán iyo toban Fifteen	101	boqól iyo ków One Hundred One	10,000	toban-kun Ten Thousand
16	líx iyo toban Sixteen	105	boqól iyo shán One Hundred Two	10,000	toban-kun Ten Thousand
17	toddobá iyo toban Seventeen	110	boqól iyo toban One Hundred Ten	10,000	toban-kun Ten Thousand
18	siddéed iyo toban Eighteen	120	boqól iyo labaátan One Hundred Twenty	100,000	boqol-kun One Hundred Thousand
19	sagaál iyo toban Nineteen	130	boqól iyo sóddon One Hundred Thirty	1,000,000	malyúun/milyúun One Million
20	labaátan Twenty	140	boqól iyo afártan One Hundred Forty	1,000,000,000	bilyan One Billion
21	koób iyo labataan Twenty One	150	boqól iyo kónton One Hundred Fifty		
22	lába iyo labataan Twenty Two	160	boqól iyo líxdan One Hundred Sixty		

HUMAN BODY – JIRKA BINI'AADAMKA

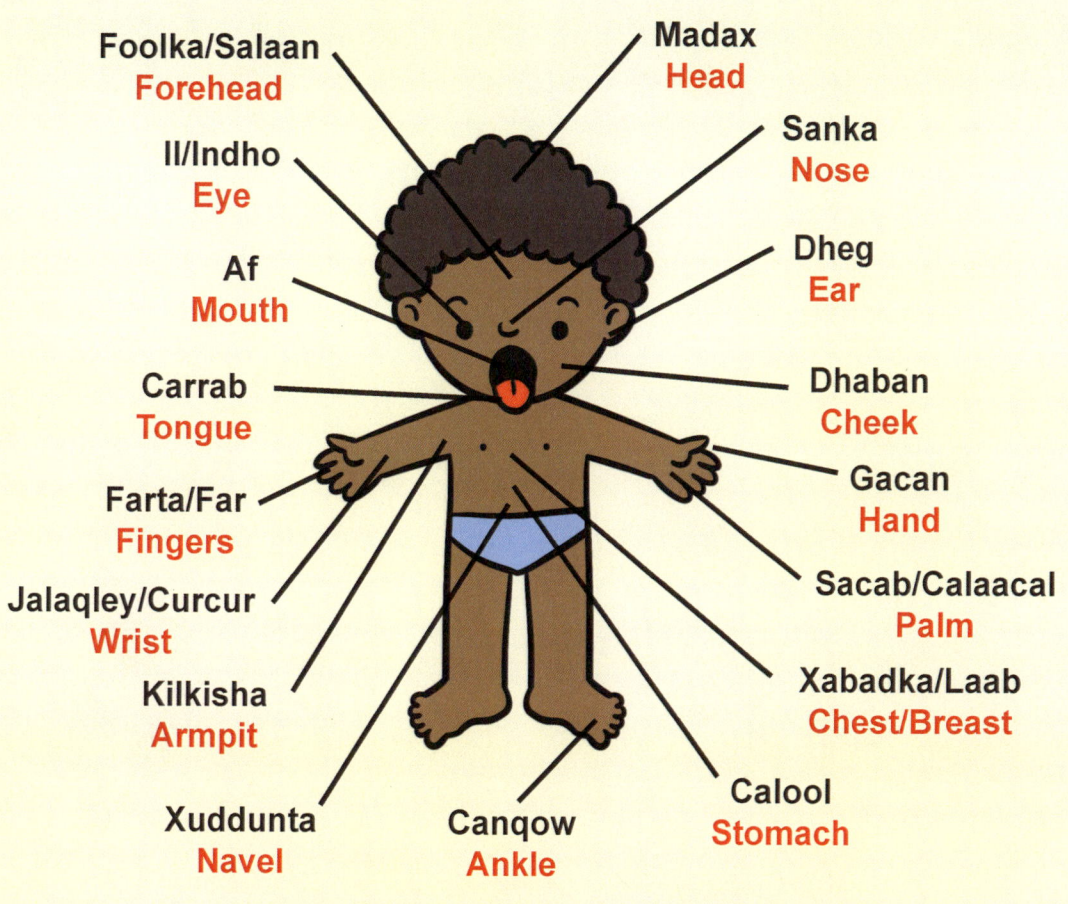

Foolka/Salaan
Forehead

Madax
Head

Il/Indho
Eye

Sanka
Nose

Af
Mouth

Dheg
Ear

Carrab
Tongue

Dhaban
Cheek

Farta/Far
Fingers

Gacan
Hand

Jalaqley/Curcur
Wrist

Sacab/Calaacal
Palm

Kilkisha
Armpit

Xabadka/Laab
Chest/Breast

Xuddunta
Navel

Canqow
Ankle

Calool
Stomach

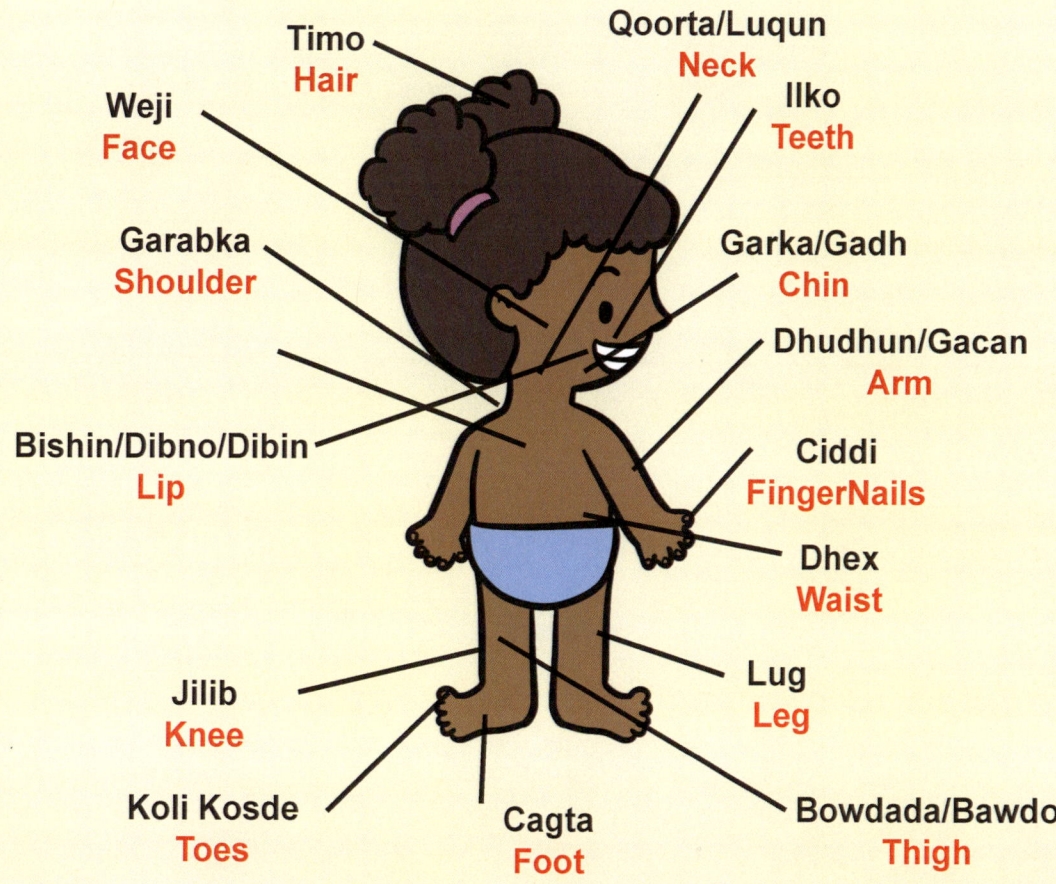

Timo
Hair

Qoorta/Luqun
Neck

Weji
Face

Ilko
Teeth

Garabka
Shoulder

Garka/Gadh
Chin

Dhudhun/Gacan
Arm

Bishin/Dibno/Dibin
Lip

Ciddi
FingerNails

Dhex
Waist

Jilib
Knee

Lug
Leg

Koli Kosde
Toes

Cagta
Foot

Bowdada/Bawdo
Thigh

5

MONTHS – BILOODINKA/BIL

Aragto
January

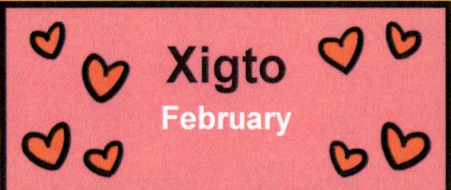

Xigto
February

Joogto
March

Muuqato
April

Socoto
May

Dhaxo
June

Dheero
July

Samo
August

Dhammo
September

Tobnaad
October

Tiro
November

Taammo
December

DAYS/ WEEKS – MALMOODKA/TODOBAAD

Axaad
Sunday

Isniin
Monday

Taladho
Tuesday

Arbaca
Wednesday

Khamiis
Thursday

Jimce
Friday

Sabtii
Saturday

COLO(U)RS – MIDAB

Madow
Black

Sawsali/Carwaajis
Purple

Dameeri/Dambas
Gray/Ash

Buni
Brown

Cagaa
Green

Dahab
Gold

Liimi
Orange

Basali/Casuusi
Pink

Qalin
Silver

Cad/Caddaan
White

Jaalle/Hurdi
Yellow

Casaan/Garuud
Red

Buluug
Blue

EMOTIONS – CAADIFAD

Farxad/Faraxsan
Happy

Vontugo
Anger

Murugo
Sad

Cabsi/Cadho
Afraid

Murugsan
Worried

Geesi
Brave

Daal
Tired

Buka
Sick/Ill

SEASONS – XILLI-GA

Xilliga guga
Spring

Jiilaal/Xiliga Jiilaalka
Winter

Ceeryaan
Fog

Xagaa
Summer

Abaar
Drought

Dhedo
Frost

Gu
Autumn

WEATHER – CIMILO

Dhuufan
Hurricane

Roob
Rain

Qaanso
Rainbow

Biriq
Thunder

Daad
Flood

Cadceed baa jirla
Sunny

Baraf
Snow/Ice

Hawo/Dabyl
Breeze/Windy

HOME – GURIGA

Hurdada
Bedroom

Kastuume
Underwear

Koofiyad
Hat

Keenshali
Brassiere

Barkin
Pillow

Sariir
Bed

Gacmo Gelis
Gloves

Siksaan
Socks

Suun
Belt

Darka - **Clothes**

Toob Canbuur
Dress

Koodh
Coat

Surwaalo
Pants

Saacad
Watch

Boorsada
Lacagta
Wallet

Kaatun
Ring

Fadhiga
Living Room

Darbi
Wall

Kaarbet/Salli
Carpet

Kursi
Chair

Tiifii /
Dhalo
Television

Kursi Dheer
Couch

Baaqull
Bowl

Milix
Salt

Saxan/Bilaydh - **Plates**

Dheri
Cooking Pot

Mindi
Knife

Foorno
Oven

Fargeeto
Fork

Qaado
Spoon

Firinjeer
Refrigerator

Tenegga
Qashinka
Trashcan

Jaqaf
Dust Pan

Koob
Cup

Cuntada
Food

Iskoobbe
Broom

Qolka cuntada
lagu kariyo
Kitchen

Biyo
Water

Miis
Table

Saqaf
Ceiling

Dallad
Umbrella

Doog
Grass

Beer
Garden

Saqaf
Roof

Ubax
Flower

Sawir
Picture/Paintings

Albaab
Door

Meesha
Dabka
Fireplace
Dab
Fire

Daaqad
Window

Musaasad
Bottle

Rafka
Shelf

Kareem
Lotion

Caday
Toothbrush

Muraayad
Mirror

Dawada Cadayga
Toothpaste

Suuli
Toilet

Qaboojiye/Mukayf
Air Conditioner

Faynuus - **Lamp**
Idaacad
Radio

Marawaxad
Fan

Kumbiitar
Computer

Maydhasho - **Shower**
Qabow Biyo
Cold Water

Musqul
Bathroom

Shukumaan
qubayska
Towel

Kulul Biyo
Hot Water

Saabuun
Soap

Isbuunyo
Sponge

Tubada Qubayska
Bathtub

FARM – BEERAHA/BEER

Istoorka beerta/
Bakaar weyn
Barn

Boodh/Boor
Dust

Diig/Digaag
Rooster/Hen

Qiiq/
Sigaar cab
Smoke

Sallan
Ladder

Quful
Padlock

Galley
Corn

Cagaf-
cagaf
Tractor

Dambiil
Basket

Doofar
Pig

Beeralay
Farmer

Digirin
Turkey

Sac
Cow

Baaldi
Bucket

Bakayle
Rabbit

Fargeeto beer
Rake

Xarig
Rope

Gaari gacan
Wheelbarrow

Loox/Qori
Wood

Ido/Idaha
Sheep

Saqaf
Rock

Gene
Grass

Maqas
Scissors

Faras
Horse

Ciid
Sand

Kafahi
Cutlass

Baaskil
Bike

Ul
Stick

Ri
Goat

Shebeg
Net

Digiiran
Guinea Fowl

Faas
Axe

12

FRUITS, VEGETABLES & NUTS – KHUDRAD, LAWS IYO KHUDRADA

Yannyo/
Tamaandho
Tomato

Baamiyaal/
Baamiyo
Okra

Moxoggo
Cassava

Liin Macaan
Orange

Sabul Galay/
Galley
Corn

Canab
Grapes

Bambikin/Bocor
Pumpkin

Bidingaal
Eggplant

Barbarooni
Bell Pepper

Qumbe
Coconut

Cambe
Mango

Tufaax
Apple

Xabxab
Watermelon

Liin/Liin Dhanaan
Lemon

Digir
Beans/Peas

Basal
Onion

Basbaas Cas
Red Pepper

Tuun
Garlic

Sanjabiil
Ginger

Bataati/
Baradho
Potato

Boqoshaa
Mushroom

Muus/Moos
Banana

Loos/Laws
Peanuts

Nooc fruit ah
Plum

Qasab
Sugarcane

Lows xuub
adag ku jira
Walnut

Isbiinaash/
Isbinij
Spinach

Basbaas Madow/
Filfil
Black Peppers

Basbaas
Chili Peppers

Baaynabal/
Cananaas
Pineapple

14

ANIMALS – XAYAWAAN

Galeyr/
Gorgor
Eagle

Babaqaaq
Parrot

Dhuuryo
Hawk

Shimbir
Bird

Daayeer
Monkey

Jemage
Bat

Guumays
Owl

Qiiqab
Crab

Kuullay
Hedgehog

Bisad
Cat

Kalluun
Fish

Qooley
Pigeon

Dacawo
Fox

Haramcad
Cheetah

Aargopsato/
Abumagas
Lobster

Jeer
Hippopotamus

Caaro
Spider

Bulac/Qoroto
Lizard

Duqsi/Duulid
Fly

Dibqalooc
Scorpion

Yaxaas
Crocodile

Gorayo
Ostrich

Kanneco
Mosquito

Dabagaalle
Squirrel

Carsaanyo/
Xaaxeeyo
Snail

Libaax badeed
Shark

Shimbirad
Ladybug

Daa'uus
Peacock

Diin
Tortoise

Aargoosatox
Cray Fish

Jiir/Dooli
Rat

16

Maroodi
Elephant

Xayawaan deerada u eg
Antelope

Libaax
Lion

Waraabe
Hyena

Dameer
Donkey

Shabeel
Tiger

Haramcad
Leopard

Dameer farow
Zebra

Wiyil
Rhinoceros

Geri
Giraffe

Daanyeerka gorilaha
Gorilla

17

PROFESSIONS – SHAQO

Boolis
Police

Suxufi
Journalist

Farshaxanyahan
Artist

Timo Hagaajiye
Hairdresser

Injineer
Engineer

Umuliso
Midwife

Qareen
Lawyer

Garsoore
Judge

Dhakhtarka Ilkaha
Dentist

Arday
Student

Brofasooi
Professor

Dawaarlaha
Tailor

Farshaxanka
Dhismaha
Architect

Hilibleh
Butcher

Mofadatta/
Yite
Fireman

Faryaamo/
Najaar
Carpenter

Farmasiile
Pharmacist

Kaluumayste
Fisherman

Macalin
Teacher

Adhi-jir
Shepherd

Dhakhtar
Doctor

Duuliye
Pilot

Wariye
Broadcaster

Macdan Qode
Miner

Saayanis Yaqaan
Scientist

Alxanle
Welder

Ninka Jilaha Ah
Actor

Xisaabiye
Accountant

Timo Xiir
Barber

Majaajileeye
Clown

Xoqhayn
Secretary

Cunto Kariye
Cook/Chef

20

TRANSPORTATION – GAADIID

Bas/Shitaawe
Bus

Tagsi
Taxi

Dayuurad
Airplane

Baabuur
Car

Tigidh
Ticket

Mooto
Motorcycle

Doonni
Boat

Tareen/Tireeynka
Train

BUILDINGS – DAAR/DHISMO

Irbad
Needle

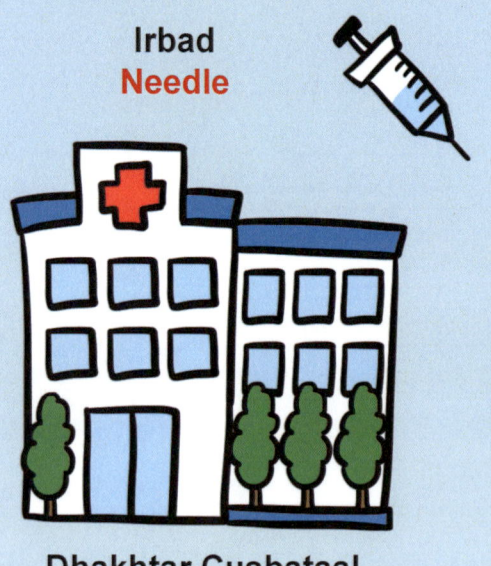

Dhakhtar Cusbataal
Hospital

Buug
Book

Dugsi
School

Lacag
Money

Qalin Qori
Pencil

Qalin
Pen

Bangi
Bank

Alaab
Luggage

**Huteel Ama
Hudheel/
Albeergo**
Hotel/Motel

PEOPLE – DADKA

Nin
Man

Gabadh
Girl

Bidaar
Bald

Naag
Woman

Buuraan
Full Figured

Wiil
Boy

Wax Weyn
Giant/Big

Caato
Thin/Slender

Dheer
Tall

Yar
Small

Qurex Badan
Beautiful

Gaaban
Short

Gabow
Old

Ilmo
Child

Dhalin yar
Young

Boqorada
Queen

Boqor
King

GREETINGS – SALAAMS

Iska warran/Weeye!
Hi/Hello!

Subax Wanaagsan!
Good morning!

Galab Wanaagsan!
Good afternoon!

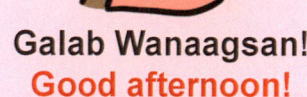

Caways Wanaagsan!
Good evening!

Iska warran?
How are you?

Waad mahadsantahay!
Thank you very much!

Soo dhowayn!
Welcome!

Nasub wanaagsan!
Goodluck!

Waan fincnahay, mahadsanid!
I'm fine, thank you!

Waan ka xumahay!
I am sorry!

Habeen wanaagsan!
Good night!

Adaa mudan!
You're welcome!

Nabadgelyo!
Good bye!

Hadhow baynu is arki doonnaa!
I'll see you later!

QUESTIONS – SU'AAL

Kee?
Which?

Maxay?
What?

Weydiin
Ask

Answer
Jawaab

Halkee?
Where?

RECOGNIZING SIGNS – GARASHADA CALAAMADAHA

Gelid	Entrance
Bixid	Exit
Riix	Push
Soo Riix	Pull
Sare u tallabso	Step up
Hoos u tallabso	Step down
Fur	Open
Xidhan	Closed
Ha gelin	Do not enter
Ha taaban	Do not touch
Soco	Walk
Ha Socon	Do not walk

DIRECTIONS – JIHAYN/JIHO

Bidix
Left

Midig
Right

Sare
Up

Hoose
Down

Gadaal/Dambe
Behind/Back

Kor/Qalab Ciyagreed
Above/Top

Hore
Front

Hoos
Below

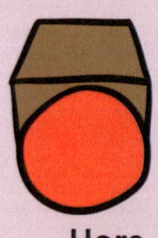

COMPASS – JIHEEYE/DIIRAD

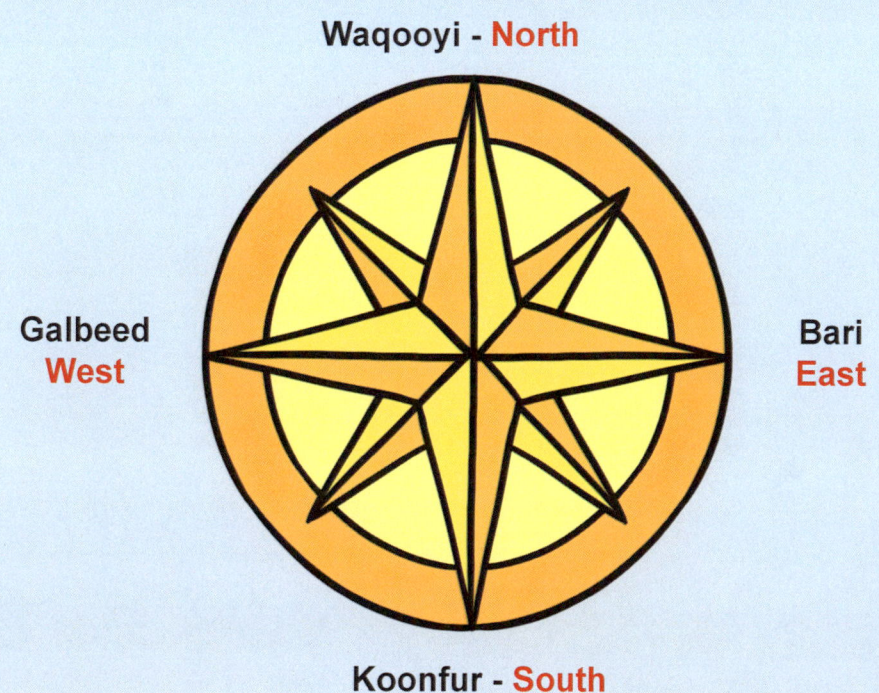

Waqooyi - **North**

Galbeed
West

Bari
East

Koonfur - **South**

ASTRONOMY – XIDDIGIS

Meel Banaan
Space

Dhul/Carro
Earth

Cirka/Samo
Sky

Dhulmeeraha fiinas
Venus

Qorax
Sun

Xiddig
Star

Daruur
Cloud

Nidaamka Qoraxda
Solar System

Dayax
Moon

POSITIONS – MEEL

**Fadhuso/
Fadhiisi**
Sitting

Soco
Walk

Ragcad
Head to ground
(Prayer Position)

**Boodid/
Booddo**
Jump

Jilbo Joogsi
Knee

Istaag
Stand

28

SCHOOL – DUGSI

Dugsi Hoose
Elementary School

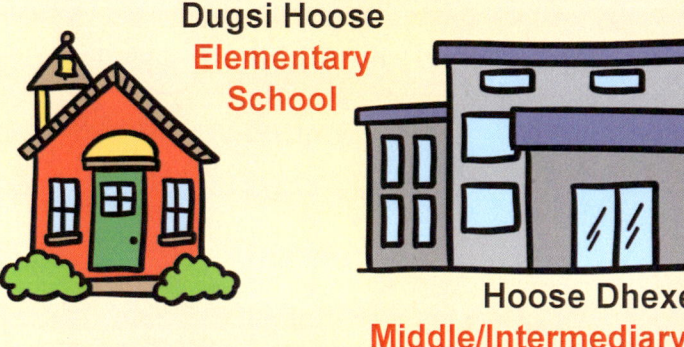

Hoose Dhexe
Middle/Intermediary School

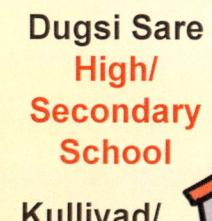

Dugsi Sare
High/ Secondary School

Kulliyad/ Jaa Macad
College/ University

INSTRUCTIONS/ COMMANDS – TILMAAMO

Tag/Soco!	Go!
Joogso!	Stop!
Hayaay!	Help!
Raalli ahow!	Excuse me!
Wan hagaag!	Okay!
Nacayb	Hate
Jacayl	Love
Haa	Yes
Maya	No

TIME – WAQTI

Subax
Day (7am-11am)

Galabnimo
Afternoon (Noon-2pm)

Duhur
Afternoon (3pm-5pm)

Nyimure
Darkness

Ilde
Light

Fiid
Evening (6pm-8pm)

Habeen
Night (9pm-11pm)

Saq Dhexe
Midnight (12-2am)

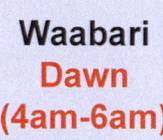

Waabari
Dawn (4am-6am)

Ilbidhiqsi	Seconds
Miridh	Minutes
Saacad	Hours
Maalin	Days
Sitimaan	Weeks
Bil	Months
Sanaad	Years
Maanta	Today
Berrito	Tomorrow
Shalay	Yesterday

PRONUNCIATION GUIDE

VOWELS

a   as in pat if short (a) but as in father if long (aa)
e   as in pet if short (e) but as in paid if long (ee)
i   as in sit if short (i) but as in seat if long (ii)
o   as in cot if short (o) but as in coat if long (oo)
u   as in put if short (u) but as in shoot if long (uu)

Note that the general difference in length of vowels is important because otherwise words could get mixed up and it could end up in great confusion.

CONSONANTS IN SOMALI ALPHABET

b   as in box
d   as in dog
g   as in get
h   as in hat
j   as in jet
k   as in kick
l   as in let
m   as in mat
n   as in net
r   rolled as in the French rouge
s   as in sit
sh   as in shut
t   as in ten
w   as in well
y   as in yet

Note that the 'doubling' of consonants is also very important not to get confused. A doubled consonant is pronounced in both syllables whereas a single consonant is pronounced in one syllable.

Also note the following complicated pronunciations.

dh   Can be viewed as flapped d or r depending on the speaker - either way you'll get it right. Set your mouth to pronounce as normal d or r, but then curl your tongue right up so that the bottom touches the top part of your mouth. As you try you'll feel your tongue flapping forward.

x   It's more of an emphatic version of h. Take the exhaling sound you make when you've just burnt your mouth after taking a sip of boiling hot soup, push it right back into the very back of your mouth, making sure your tongue also goes back and that should be a good approximation.

c   If you follow the same pronunciation rules for x, with the tongue and back of the mouth all pressed up against the back of the throat then simply change the hiss of the h to a sound using your vocal cords. If you're then sounding if you are being choked then that's it. Hint: Think of c as a vowel modifier and if listening to a native speaker, note how it changes the vowel in its vicinity 'pharyngealized' the vowel, sending half the sound up the nose.

q   It's pronounced like a k but right back in the mouth at the throat end, in the same area as c and x. Imagine you've got a marble in the back of the throat and that you're bouncing it using only the glottis and making a k sound at the same time.

kh   It's the rasping ch in Scottish loch and German ach. It's also pronounced like the Spanish jota.

'   It's what's called the glottal stop. You simply close the glottis at the very back of the mouth/top of throat, and then release the built-up air. The result is a light uh sound with a very slight grunt just before it. Although it's not written, it occurs in the conversational speech of nearly all English speakers, being most noticeable in the pronunciation of words like bottle as 'bo'el' by many Londoners.

www.ingramcontent.com/pod-product-compliance
Lightning Source LLC
Chambersburg PA
CBRC090841120626
46551CB00008B/724